AF312596

ANTIQUITEZ
PROFANES ET SACRE'ES
DE LA VILLE DE LYON.

AVEC QUELQUES SINGULARITEZ REMARQUABLES

RECUEILLIES ET PRE'SENTE'ES

A MONSEIGNEUR
LE DUC DE BOURGOGNE.

Par le P. DOMINIQUE DE COLONIA,
de la Compagnie de JESUS.

Avec des Notes fur ces Antiquitez. A l'Invitation de Meffieurs les
PREVOST DES MARCHANDS & E'CHEVINS
de cette Ville : à l'occafion du Paffage de Meffeigneurs LES DUCS
DE BOURGOGNE & DE BERRY.

Au mois d'Avril M. DC CI.

A LYON.

Chez LOUIS PASCAL Libraire , Ruë Merciere
proche la Place des Jacobins.

AVEC PERMISSION.

A MONSEIGNEUR
LE DUC
DE BOURGOGNE.

E mille Antiquitez fameuses dans l'Histoire,
Le glorieux débris orne encor nos Remparts.
Il importe, PRINCE, à leur gloire
Que vous les honoriez par un des vos regards.
Mais quelque soin que l'on se donne
Pour faire briller à vos yeux
De cent Heros Romains les restes précieux ;
Ce que nous fera voir vôtre seule personne
Vaudra mille & mille fois mieux.

ANTIQUITEZ
PROFANES.

I.

RESTES DU TEMPLE D'AUGUSTE,
ET DE L'AUTEL DE LYON.

REMARQUES.

U E L Q U E S années avant la Naiſſance de Jeſus-Chriſt, les Soixante Nations des Gaules qui negocioient à Lyon , firent bâtir au confluent du Rhône & de la Saône , comme l'aſſure Strabon , un magnifique Temple à l'honneur de l'Empereur Auguſte, qui avoit demeuré prés de trois ans dans cette Ville.

A

Ce fut Drusus frére de Tibére qui les engagea dans cette entreprise , & qui fit la Dedicace de ce Temple le jour même que son fils Claude, qui fut depuis Empereur , nâquit à Lyon. On y établit des Augures , des Aruspices & des Prêtres , & Caligula y fonda ces fameux prix d'Eloquence & de Poësie dont parle Juvenal dans sa premiere Satire :

Palleat , ut nudis pressit qui calcibus anguem,
Aut Lugdunensem Rhetor dicturus ad aram.

On trouve tous les jours dans ces païs quantité de Médailles d'Auguste & de Tibére , au revers desquelles on voit le Frontispice de l'Autel de Lyon avec cette Legende :

ROMÆ ET AUGUSTO.

Parce qu'Auguste ne voulut pas souffrir qu'on lui dédiat cet Autel, à moins qu'on ne le dédiat en même temps à Rome , qui passoit pour une Divinité parmi les Romains.

L'EGLISE D'AISNAY est bâtie sur les ruines du Temple d'Auguste, & les quatre colomnes qui soûtiennent la voute du Chœur, font les deux mêmes qui flanquoient l'Autel d'Auguste , comme on le voit encore sur les médailles. On les a dépuis sciées en quatre. On dit communément qu'elles font de pierre fonduë ; mais les

Connoisseurs ne doutent nullement qu'elles ne
soient de granite, qui ne peut pas se fondre.

MADRIGAL.

Pour loüer les vertus & la gloire d'Auguste,
Poëtes, Orateurs volants de toutes parts
Venoient jadis dans ces remparts.
D'un si noble tribut le motif étoit juste.
De nos sages Ayeux il marque le bon cœur.
AUGUSTE étoit leur bienfaiteur.

De te voir aujourd'huy cette Ville charmée,
Est d'un zéle plus pur pour Toi, PRINCE, animée.
Les talents, les vertus d'Auguste vieillissant
Elle les voit déja briller dans ta jeunesse,
Sans y voir toutefois nul des traits de foiblesse
Qui flétrirent d'abord ce Monarque naissant.

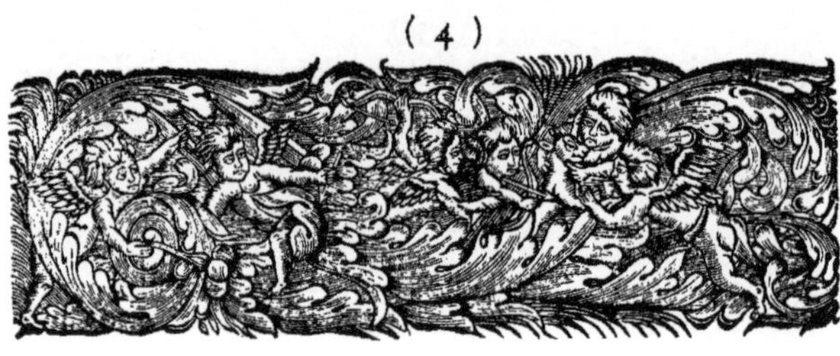

I I.

LE PASSAGE D'ANNIBAL

AU CONFLÜENT DU RHÔNE,

ET DE LA SAÔNE.

REMARQUES.

CE fut au - deſſus de ce Conflüent que ſe fit le fameux paſſage d'Annibal, lorſque étant parti de Carthage la neuve, avec une Armée de cinquante mille hommes de pied & de neuf mille chevaux, avec un grand nombre d'Elephans, il fit durant cinq mois une marche de 550. lieües, & alla attaquer l'Italie, aprés avoir paſſé les Alpes en quinze jours au cœur de l'hyver. Polybe, Tite-Live & Plutarque, aſſeurent d'une maniére déciſive, qu'il paſſa le Rhône dans l'endroit où ce fleuve s'unit à la Saône. *Paucis poſt diebus,* dit Plutarque, *pervenit ad locum quem Inſulam vocant Galli. Hanc Arar & Rhodanus efficiunt, ubi nunc Lugdunum eſt.*

Quartis Caſtris ad Inſulam pervenit, ubi Arar & Rhodanus amnes diverſis ex Alpibus decurrentes confluunt in unum. T I T. L I V.

Polybe.

(5)

Polybe ajoûte qu'Annibal , pour faire paſſer plus promptement ſon armée, acheta des gens du païs tous les bateaux avec quoy ils trafiquoient ſur le Rhône , & qu'il en fit faire par ſes Soldats une prodigieuſe quantité de nouveaux.

Le Délices de l'Italie

Amolirent, dit-on, *le grand cœur d'Annibal,*
Et l'on vit tout-à-coup ſa vigueur affoiblie ,
Par l'attrait d'un climat à ſa gloire fatal.

Adeo ut verum dictum ſit Capuam Annibali Cannas fuiſſe. Florus l. 2

Les douceurs d'une Cour mille fois plus charmante,
    Mille fois plus éblouïſſante
Que le Païs fatal à ce Carthaginois ,
N'ont donné nulle atteinte à la vertu conſtante
    Du petit Fils de l'Hercule François.

Des plus nobles ardeurs ſa grande ame enflâmée
Dédaigne du plaiſir la pente trop aiſée ,
Et d'un honteux repos l'importune douceur
Loin de le délaſſer , fatigue ſon grand cœur.

B

Mettre dans une vafte plaine
Un fougueux courfier hors d'haleine ;
Animer en courant, du gefte & de la voix
Des limiers au milieu des bois ;
Du grand art des combats fe tracer un modéle,
Méditant à loifir les hauts faits des Heros
Loin des ris & des jeux où fon âge l'appelle,
Voila ce qui fait fon repos.

I I I.

LES TABLES DE BRONZE
DE L'EMPEREUR CLAUDE.

REMARQUES.

'AN de Jesus-Christ 47. la Ville de Lyon demanda d'être declarée Colonie Romaine. L'Empereur CLAUDE, qui étoit Lyonnois en fit la propoſition au Sénat & harangua fortement là-deſſus. On s'oppoſa d'abord aux prétentions des Gaulois. Mais CLAUDE parla ſi bien en leur faveur, qu'on leur accorda leur demande. Lyon devint Colonie Romaine, & fut nommée dés-lors COLONIA CLAUDIA COPIA AUGUSTA LUGDUNUM. Les Lyonnois firent graver la harangue de l'Empereur dans deux grandes Tables d'Airain, qu'on voit encore aujourd'huy dans l'Hôtel de Ville, & qui font un des plus beaux monumens de l'antiquité.

LA VILLE DE LYON
A MONSEIGNEUR
LE DUC DE BOURGOGNE.

A Claude, il m'en souvient, je donnai la naissance,
Et j'eus dans sa personne un zélé Protecteur.
Aussi bon Citoyen qu'équitable Empereur.
Il marqua sa reconnoissance,
Son credit, & son éloquence,
En m'obtenant de Rome une rare faveur.

Mais quoyque mõ devoir, ma gloire, tout m'engage
A chérir ce Monarque, à l'estimer toûjours :
Prince, je m'applaudis mille fois d'avantage
De l'honneur que j'auray de vous garder trois jours.

HARANGUE

HARANGUE

DE L'EMPEREUR CLAUDE

AU SENAT,

EN FAVEUR DES LYONNOIS.

I. TABLE.

EQUIDEM. PRIMAM. OMNIUM. IL-
LAM. COGITATIONEM. HOMINUM.
QUAM. MAXIME. PRIMAM. OCCUR-
SURAM. MIHI. PROVIDEO. DEPRE-
COR. NE. QUASI. NOVAM. IS-
TAM. REM. INTRODUCI. EX-
HORRESCATIS. SED. ILLA. POTIUS.
COGITETIS. QUAM. MULTA. IN.
HAC. CIVITATE. NOVATA. SINT.
ET. QUIDEM. STATIM. AB.
ORIGINE. URBIS. NOSTRÆ. IN.
QUOD. FORMAS. STATUSQUE. RES.
P. NOSTRA. DIDUCTA. SIT.

On laisse la 1ᵉ ligne de la 1ᵉ Table, & les deux 1ᵉˢ de la seconde, parce qu'il n'en reste que des fragmens dont on ne peut former aucun sens.

C

QUONDAM. REGES. HANC TE-
NUERE. URBEM. NE. TAMEN. DO-
MESTICIS. SUCCESSORIBUS. EAM.
TRADERE. CONTIGIT. SUPERVE-
NERE. ALIENI. ET. QUIDAM. EX-
TERNI. UT. NUMA. ROMULO. SUC-
CESSERIT. EX. SABINIS. VENIENS. VI-
CINUS. QUIDEM. SED. TUNC. EX-
TERNUS. UT. ANCO. MARCIO.
PRISCUS. TARQUINIUS PROPTER.
TEMERATUM. SANGUINEM.
QUOD. PATRE. DE. MARATO. CO-
RINTHIO. NATUS. ERAT. ET. TAR-
QUINIENSI. MATRE. GENEROSA.
SED. INOPI. UT. QUÆ. TALI. MARI-
TO. NECESSE. HABUERIT. SUCCUM-
BERE CUM. DOMI. REPELLETUR. A.
GERENDIS. HONORIBUS. POST-
QUAM. ROMAM. MIGRAVIT. REG-
NUM. ADEPTUS. EST. HUIC. QUO-
QUE. ET. FILIO. NEPOTIVE. EJUS.
NAM. ET. HOC. INTER. AUCTORES.
DISCREPAT. INSERTUS. SERVIUS.
TULLIUS. SI. NOSTROS. SEQUIMUR.
CAPTIVA. NATUS. OCRESIA. SI. TUS-
COS: CÆLI. QUONDAM. VIVENNÆ.
SODALIS. FIDELISSIMUS. OMNIS-
QUE. EJUS. CASUS. COMES. POST-
QUAM VARIA. FORTUNA. EXACTUS.

CUM. OMNIBUS. RELIQUIS. CÆLIA-
NI. EXERCITUS. ETRURIA. EX-
CESSIT. MONTEM. CÆLIUM. OC-
CUPAVIT. ET. A. DUCE. SUO. CÆ-
LIO. ITA. APPELLITATUS. MUTA-
TOQUE. NOMINE. NAMTUSCE.
MASTARNA. EI. NOMEN. ERAT.
ITA. APPELLATUS. EST. UT. DIXI.
ET. REGNUM. SUMMA. CUM. REIP.
UTILITATE. OPTINUIT. DEINDE.
POSTQUAM. TARQUINI. SUPERBI.
MORES. INVISI. CIVITATI. NOS-
TRÆ. ESSE. COEPERUNT. QUA. IP-
SIUS. QUA. FILIORUM. EJUS. NEM-
PE. PERTÆSUM. EST. MENTES. RE-
GNI. ET. AD. CONSULES. ANNUOS.
MAGISTRATUS. ADMINISTRATIO.
REIP. TRANSLATA. EST.

QUID. NUNC. COMMEMOREM.
DICTATURÆ. HOC. IPSO. CONSU-
LARI. IMPERIUM. VALENTIUS. RE-
PERTUM. APUD. MAJORES. NOS-
TROS. QUO. IN. ASPERIORIBUS.
BELLIS. AUT. IN. CIVILI. MOTU.
DIFFICILIORE. UTERENTUR. AUT.
IN. AUXILIUM. PLEBIS. CREATOS.
TRIBUNOS. PLEBEI. QUID. A. CON-
SULIBUS. AD. DECEMVIROS. TRAN-
SLATUM. IMPERIUM. SOLUTO-

QUE. POSTEA. DECEMVIRALI. REG-
NO. AD. CONSULES. RURSUS.
REDITUM. QUID. IM ------- VRIS.
DISTRIBUTUM. CONSULARE. IM-
PERIUM. TRIBUNOSQUE. MILI-
TUM. CONSULARI. IMPERIO. APPEL-
LATOS. QUISENI ET. SÆPE. OCTO-
NI. CREARENTUR· QUID COMMU-
NICATOS. POSTREMO. CUM. PLE-
BE. HONORES. NON. IMPERI. SO-
LUM. SED. SACERDOTIORUM.
QUOQUE. JAM. SI. NARREM. BELLA.
A. QUIBUS. COEPERINT. MAJORES.
NOSTRI. ET. QUO. PROCESSERI-
MUS. VEREOR. NE. NIMIO. INSO-
LENTIOR. ESSE. VIDEAR. ET. QVE-
SISSE. JACTATIONEM. GLORIÆ.
PROLATI. IMPERI. VLTRA. OCEA-
NVM. SED. ILLO. C. POTIVS. REVER-
TAR. CIVITATEM.

EXPLICATION SOMMAIRE
De la Premiere Table.

L'EMPEREUR Claude represente qu'on ne
doit point regarder la pretention des Lyonnois
comme une innovation nuisible à l'Etat. Il
exhorte les Senateurs à faire reflexion que Numa,
que Tarquin l'ancien & Servius Tullius furent choisis

pour

pour regner dans Rome, quoiqu'ils fuſſent étrangers.
Il rapelle enſuite le ſouvenir des divers changemens
qu'on a été obligé de faire dans le gouvernement de
Rome & toûjours pour le mieux: les Conſuls qui pren-
nent la place des Roys, les Decemvis qui ſuccedent
aux Conſuls & dont on ſe laſſe bien-tôt: le Peuple & ſes
Tribuns qui entrent dans le Gouvernement, &c.

Dans la 2. Il dit que ſon Oncle Tibére avoit intro-
duit dans le Senat l'Elite des Provinces étrangéres ; que
Vienne & Lyon en particulier avoient donné pluſieurs
bons Senateurs à Rome; que ſi les Gaulois avoient re-
ſiſté dix ans à Jule Céſar ; ils gardoient dépuis cent
ans aux Romains une fidélité inviolable; & que ſon Pére
Druſus en avoit fait l'épreuve dans des temps trés-dif-
ficiles, lorſque faiſant la guerre dans la Germanie, les
ſeuls Gaulois, malgré les ſubſides qu'on leur avoit im-
poſé, empêcherent par leur conſtance, que rien ne re.
muat de ce côté-là.

D

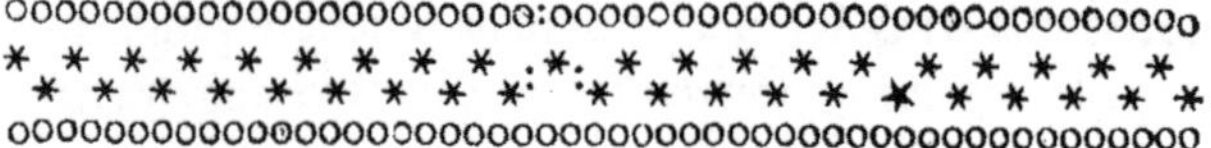

II. TABLE.

- - - - - - - - - - - - - - - - - SANE.
- - - - - - DIVVS AVG. - - - - - - ET PATRUUS.
TI. CAESAR. OMNEM. FLOREM. UBIQUE.
COLONIARUM. AC. MUNICIPIORUM. BO-
NORUM. SCILICET. VIRORUM. ET. LO-
CUPLETIUM. HAC. CURIA. ESSE. VOLUIT.
QUID. ERGO. NON. ITALICUS. SENATOR.
PROVINCIALI. POTIOR ? EST. JAM. VOBIS.
CUM. HANC. PARTEM CENSURÆ. MEÆ.
APPROBARE. COEPERO. QUID. DE. EA.
RE. SENTIAM. REBUS. OSTENDAM. SED.
NE. PROVINCIALES. QUIDEM. SI. MODO.
ORNARE. CURIAM. POTERINT. REJICIEN-
DOS. PUTO.

ORNATISSIMA. ECCE. COLONIA. VALEN-
TISSIMAQUE. VIENNENSIUM. QUAM.
LONGO. JAM. TEMPORE. SENATORES.
HUIC. CURIÆ. CONFERT. EX. QUA. COLO-
NIA. INTER. PAUCOS. EQUESTRIS. ORDI-
NIS. ORNAMENTUM. L. VESTINUM. FAMI-
LIARISSIME. DILIGO. ET. HODIEQUE. IN.
REBUS. MEIS DETINEO. CUJUS. LIBERI.
FRUANTUR. QUÆSO. PRIMO. SACERDO-

TIORUM. GRADU. POST. MODO. CUM. AN-
NIS. PROMOTURI. DIGNITATIS. SUÆ. IN-
CREMENTA. UT. DIRUM. NOMEN. LATRO-
NIS. TACEAM. ET. ODI. ILLUD. PALESTRI-
CUM. PRODIGIUM. QUOD. ANTE. IN. DO-
MUM. CONSULATUM. INTULIT. QUAM.
COLONIA. SUA. SOLIDUM. CIVITATIS. RO-
MANÆ. BENEFICIUM. CONSECUTA. EST.
IDEM. DE. FRATRE. EJUS. POSSUM. DICERE.
MISERABILI. QUIDEM. INDIGNISSIMOQUE.
HOC. CASU. UT. VOBIS. UTILIS. SENATOR.
ESSE. NON. POSSIT.

TEMPUS. EST. JAM. TI. CAESAR. GERMA-
NICE. DETEGERE. TE. PATRIBUS. CONSCRI-
PTIS. QUO. TENDAT. ORATIO TUA. JAM.
ENIM. AD. EXTREMOS. FINES. GALLIÆ. NAR-
BONENSIS. VENISTI.

TOT. ECCE. INSIGNES. JUVENES. QUOT.
INTUEOR. NON. MAGIS. SUNT. PAENITEN-
DI. SENATORES. QUAM. PÆNITET. PERSI-
CUM. NOBILISSIMUM. VIRUM. AMICUM.
MEUM. INTER. IMAGINES. MAJORUM.
SUORUM. ALLOBROGICI. NOMEN. LEGERE.
QUOD. SI. HÆC. ITA. ESSE. CONSENTITIS.
QUID. ULTRA. DESIDERATIS. QUAM. UT.
VOBIS. DIGITO. DEMONSTREM. SOLUM. IP-
SUM. ULTRA. FINES PROVINCIÆ. NARBO-
NENSIS. JAM. VOBIS. SENATORES. MITTE-
RE. QUANDO. EX. LUGDUNO. HABERE.

NOS. NOSTRI. ORDINIS. VIROS. NON. PÆ-
NITET. TIMIDE. QUIDEM. P. C. EGRESSUS.
ADSUETOS. FAMILIARESQUE. VOBIS. PRO-
VINCIARUM. TERMINOS. SUM. SED. DES-
TRICTE. JAM. COMATÆ. GALLIÆ. CAUSA.
AGENDA. EST. IN. QUA. SI. QUIS. HOC. IN-
TUETUR. QUOD. BELLO. PER. DECEM. AN-
NOS. EXERCUERUNT. DIVOM. JULIUM.
IDEM. OPPONAT. CENTUM. ANNORUM.
IMMOBILEM. FIDEM. OBSEQUIUMQUE. MUL-
TIS. TREPIDIS. REBUS. NOSTRIS. PLUSQUAM.
EXPERTUM. ILLI. PATRI. MEO. DRUSO.
GERMANIAM. SUBIGENTI. TUTAM. QUIE-
TE. SUA. SECURAMQUE. A. TERGO. PACEM.
PRÆSTITERUNT. ET. QUIDEM. CUM. AD.
CENSUS. NOVO. TUM. OPERE. ET. IN. AD-
SUETO. GALLIIS. AD. BELLUM. AVOCATUS.
ESSET. QUOD. OPUS. QUAM. ARDUUM.
SIT. NOBIS. NUNC. CUM. MAXIME. QUAM-
VIS. NIHIL. ULTRA. QUAM. UT. PUBLICE.
NOTÆ. SINT. FACULTATES. NOSTRÆ. EX-
QUIRATUR. NIMIS. MAGNO. EXPERI-
MENTO. COGNOSCIMUS.

LES

I V.

LES GRANDS CHEMINS
D'AGRIPPA.

REMARQUES.

AGRIPPA Gendre & Favori d'Augufte a laiffé dans cette Ville un monument éternel de la grandeur Romaine. Ce grand homme, fi illuftre par tant de Victoires, par tant de Confulats, & fur tout par fon amour pour les beaux Arts, fit faire pour la commodité des Armées & pour celle du public, quatre grands chemins qui traverfoient les Gaules; & il voulut que le centre de ces chemins fut dans Lyon, à caufe de fa fituation avantageufe. C'eft ce que nous apprend Strabon dans le quatriéme livre de fa Geographie. *Lugdunum in medio inftar arcis fitum eft . . . . ea propter Agrippa ex hoc loco partitus eft vias.*

E

Le premier de ces grands chemins traverfoit les montagnes d'Auvergne & alloit aboutir aux Pyrénées ; le fecond conduifoit vers le Rhin ; le troifiéme à l'Ocean , & le quatriéme à Marfeille par la Gaule Narbonnoife.

On trouve encore des médailles d'Augufte & des colomnes milliaires avec cette infcription. *S.P.Q.R. Imperatori Cæfari quòd via munita fint.* On voit encore aujourd'huy à Lyon au-deffus de la Porte de S.George fur le penchant de la montagne, des reftes affez confiderables d'un de ces chemins qui conduifoit du côté de Narbonne.

Le nom d'Agrippa doit vous plaire,

P RINCE, *on trouve dans luy vôtre vrai caraɛtére.*

Ce Romain, comme vous, cheriffoit les beaux Arts,

Et de fon noble goût tant d'ouvrages épars

  Ont éternifé fa memoire ,

Et gravé fon grand Nom au Temple de la Gloire

  Au deffus du nom des Céfars.

Pont du Gard, Pantheon, lieux facrés dãs l'hiftoire,

Grands Chemins , Aqueducs, éternels bâtimens ,

De la grandeur de Rome illuftres monumens

Furent de ce Heros les doux amufemens.

Tel mon Prince aujourd'huy dés sa tendre jeunesse
Méprisant les ris & les jeux
Fait son charme des arts, par où Rome & la Gréce
Ont rendu leurs Noms si fameux.
Son beau feu, son bon goût & sa délicatesse
Son activité, son adresse
Des grands Maîtres de l'art surpasset tous les vœux.

En attendant que la fiere Bellone
Le range sous ses étendarts,
Le loisir que la paix & son âge lui donne,
Est pour Minerve; un jour il sera tout pour Mars.

V.

TOMBEAU
DES DEUX AMANS.

REMARQUES.

PREZ d'une des Portes de la Ville, qu'on nomme la Porte de Vaize ; on voit une maniere d'Autel antique ou de Tombeau, dont l'Architecture paroît être du siécle d'Augufte. Comme il n'y refte plus d'Infcription, & qu'aucun Auteur ancien n'en a parlé, on a fait là-deffus plufieurs Contes fabuleux. On s'eft imaginé que c'é-toit le Tombeau d'Herode & d'Herodias, qui furent releguez à Lyon, où ils moururent, comme dit Jofeph. Une autre tradition porte que c'eft le Tombeau de deux amis, qui moururent de joye en fe revoyant. * Mais l'opinion la plus raifonnable, c'eft que ce monument en forme d'Autel ou de Temple fût confacré à la mémoire d'un Prêtre d'Au-

* Le P. Meneftrier Hift. de Lyon.

gufte

Monument antique nommé, Le Tombeau des deux Amans.

(21)

gufte nommé AMANDUS , par deux de fes Affranchis qu'il avoit fait fes Héritiers. On voit encore
dans le Cloître de S. Jean une ancienne Infcription
qui apparemment étoit jointe à ce monument , &
où il eft parlé d'Amandus & de fes deux Affranchis.

Ce rare monument d'une antique ſtruƈture

Cauſe dépuis long-temps du débat entre nous.

Son deſſein , ſon air, ſa figure

Nous embarraſſe & nous partage tous.

On l'examine on le contemple

Depuis qu'on eſt ici Chrêtien ,

L'un en fait un tombeau, l'autre un autel, un tẽple.

Mais dans le fond on n'en ſçait rien.

PRINCE, ſouffrez, qu'on vous invite

A terminer enfin ce doƈte different.

A nôtre Antiquité daignés rendre viſite.

Voyés & prononcés. La choſe le merite.

De ce vieux procés qu'on agite

Vous êtes Juge competent.

F

V I.

LES AQUEDUCS
DE MARC-ANTOINE.
REMARQUES.

JU L E Céfar ayant été envoyé dans les Gaules, pour y commencer cette Guerre qui luy fut fi glorieufe , vint d'abord camper prés du Confluënt des deux Ri-viéres , d'où fon armée tiroit fans peine toute forte de commoditez. On voit encore dans le voifinage les foffez qui fermoient fon Camp & plufieurs Villages d'alentour ont confervé le nom de fes principaux Officiers qui y avoient leurs quartiers. *

Ce fut pour la commodité des Legions qui étoient campées fur la Montagne & éloignées de la Riviére que Marc-Antoine Quefteur & intime ami de Jule Céfar fit faire avec des frais immenfes ces magnifi-ques Aqueducs , dont nous voyons encore de fi

* Marcilly de Marcellus ; Cuire & Caluire de Curius & Caluirius.

Aqueducs des Romains que l'on voit hors la porte de S.t Irenée.
Ferdinand D.Lamonce delin .
J. F. Cars. sc.

beaux reſtes. Ces Aqueducs bâtis de pierres quar-
rées & arrangées avec beaucoup d'art & de propre-
té venoient aboutir à la Porte qu'on nomme de
TRION, & c'eſt pour cette raiſon que cette Porte
eſt nommée dans quelques tîtres anciens, *Porta
Trium fontium.*

Il y a quelques années qu'en creuſant la terre de
ce côté-là, on découvrit des reſtes de l'incendie de
Lyon ſous Neron, & parmi les autres marques de
cette incendie, on trouva deux tuyaux de plomb à
moitié fondus, qui ſervoient à diſtribuer l'eau de
ces Aqueducs. Les Noms de L. TERTINIUS & de
JUL. PAULUS ſont gravez ſur ces tuyaux, qu'on conſerve dans le Cabinet du Collége, comme un témoi-
gnage de l'incendie de cette Ville.

Des vieux Romains ces reſtes precieux
  Que nous étalons à vos yeux
Ne ſeront pas du goût du profane vulgaire.
  Mais, PRINCE, pour vous ſatisfaire,
  On ne peut rien faire de mieux.
  Cette antiquité ſi vantée,
  Si chérie, & ſi reſpectée
  Par tous les plus rares eſprits,
  Vous en connoiſſez tout le prix.

Ce qu'eut de plus grand Rome avant sa décadence,
Tribuns, Ediles, Senateurs,
Consuls, Triumvirs, Dictateurs,
Qui porterent si haut sa gloire & sa puißance
Vous cõnoißés leurs nõs, leurs rangs & leurs hõneurs.
Virgile, Ciceron, Céfar, Phedre, Terence
Si fameux au Païs Latin,
Camille, Scipion, Trajan, Tite, Antonin
Sont fort de vôtre connoißance
Et dépuis Romulus jufques à Conftantin,
Vous fçavez leurs talens, leurs foibles, leurs deftin.
Vous parlez comme eux leur langage.

Et pour ne point ceder à leurs faits éclatans,
Pour en faire encor d'avantage,
Vous n'avés qu'à regner dix ans.

LE

V I I.

LE PONT

DU RHÔNE.

REMARQUES.

C E Pont eſt des mieux faits & des plus re-
guliers. Il eſt compoſé de vingt Arcades ,
& il a deux cens ſoixante-une toiſes & trois
piés de long. Le Pape Innocent IV. qui en eſt le
principal Autheur , le fit bâtir il y a environ 4 5 0.
ans. Ce Pape étoit Genois , de la Maiſon des Comtes de Fieſque. Il ſéjourna prés de ſept années à
Lyon , durant le cours des grands démélés qu'il eut
avec l'Empereur Frideric Second. Il logea durant
tout ce temps-là à l'ancien Cloître de S. Juſt , à
qui il fit preſent de la Roſe d'Or benite qu'on y conſerve encore. Ce fut dans ce même endroit qu'il

G

tint l'an 1245. un Concile général , qui eſt le premier général de Lyon.

Le Roy Saint Loüis ayant êté prié par l'Empereur
Frideric de ménager ſon accommodement avec le
Pape, vint pour cela juſques à Cluny, où le Pape
luy alla au-devant. Au retour de cette entrevûë, le
Pape voulant laiſſer aux Lyonnois ſes bien - faiteurs
un Monument public de ſa reconnoiſſance , entre-
prit de faire bâtir un Pont de pierre ſur le Rhône.
Ce fut en partie à ſes dépens ; en partie , en accor-
dant des Indulgences à ceux qui contribueroient à
l'œuvre de ce Pont. L'ancienne Inſcription Latine en
vers Leonins, de méchant goût , qui eſt gravée ſur
une des Tours, à la tête de ce Pont du côté de la
Ville , marque évidemment qu'il eſt l'ouvrage de ce
Pape , & détruit la fauſſe opinion qui l'attribuë à
Saint Benezet qui a bâti celuy d'Avignon.

INSCRIPTION

INSCRIPTION

DU PONT DU RHONE,

A L'HONNEUR DU PAPE

INNOCENT IV.

Virtutum Capa , vitiorum framea Papa

Progenie Magnus, ferus ut Leo, mitis ut agnus,

INNOCUUS verè dictus, de nolle nocere,

Posset ut hic fieri Pons , sumptus fecit habere.

Pontem petrarum construxit pons animarum.

Tanto Pontifici quisquis benedixerit isti

Æsque sibi charum dabit , ut pons crescat aquarū

Integer annus ei, quadragenaque sit jubilei.

Summi Pontificis opus est pons nobilis iste.

Istius artificis tibi grata sit actio Christe.

A la place de ce Pont de Pierre, il y avoit un Pont de bois, qui tomba quelques années auparavant, & qui enfevelit bien des gens fous fes ruïnes, d'abord aprés que le Roy Philippe Auguſte y eut paſſé avec Richard Roy d'Angleterre, qui venoit de prendre la Croix à Vezelay en Bourgogne, & qui l'accompagnoit à l'expedition de la Terre Sainte.

Ce fut dans ce même endroit que l'Empereur Gratien fut tué l'an 383. par Andragatius qui s'étoit laiſſé gagner par les artifices du Tyran Maxime.

L'Hôpital qui touche ce Pont eſt un des plus anciens de l'Univers, puiſqu'il a êté fondé par un de nos Roys de la premiere Race. Ce fut Childebert Fils de Clovis & la Reyne Ultrogoth fon épouſe qui le firent bâtir au milieu du ſixiéme ſiécle. La tradition n'en peut pas être douteuſe, puiſque le V. * Concile d'Orleans tenu l'an 549. parle de cette fondation.

Le Pont de pierre de la Saône, eſt plus ancien de deux cens ans que celuy du Rhône. Ce fut Humbert Archevéque de Lyon qui le fit bâtir au milieu du onziéme Siécle.

* De Xenodochio quod piiſſimus Rex Childebertus, vel jugalis ſua Ultrogethis Regina in Lugdunenſi urve inſpirante Domino condiderunt . . . viſum eſt ut cura ægrotorum ac numerus, vel exceptio peregrinorum ſecundum inditam inſtitutionem inviolabili ſemper ſtabilitate permaneat. Sirmondus Concil. Antiq. Gall. tom. I.

LE

LE RHÔNE

A MONSEIGNEUR

LE DUC DE BOURGOGNE

Dépuis que le cours de mon onde

Arrosé de Plancus les antiques remparts,

Les plus fameux Heros du monde

M'ont honoré de leurs regards

Et j'ay veu sur ces bords les Henrys, les Céfars.

Mais j'ofe l'affeurer, (j'en fuis témoin fidéle)

Jamais ni le refpect animé par l'amour

Ni l'amour animé par le tranfport du zéle

Ne fe fignala tant qu'il le fait dans ce jour.

Un Peuple plein d'impatience

Brúle du défir de vous voir

Et du jeune Loüis la charmante préfence

H

Reunit tous ſes vœux & fixe ſon eſpoir.

Tout l'or qu'on voit briller ſur l'Inde & ſur le Tage,

Semble être paſſé ſur mes bords

Et jamais mon heureux rivage

Ne vit tant de riches tréſors.

Les jeux, les ris, la joye & l'abondance

Viennent au-devant de vos pas.

L'aimable Paix & la Magnificence

Pour vous de tout leur mieux étalent leurs appas.

Que s'il faut vous marquer la ſource veritable

De cette ardeur incomparable :

PRINCE, ſi vous n'étiez que le Fils de LOÜIS ;

Par l'éclat d'un tel Nom nos Peuples ébloüis

Courroient vous rendre leur hommage ;

Mais vous êtes ſon Fils & ſa parfaite Image ;

On trouve en vous ſon nom, ſon ſang & ſon courage

En faut-il, PRINCE, d'avantage

Pour cauſer dans nos cœurs ces tranſports inoüis

L E

VIII.

DEFAITE D'ALBIN
PAR SEVERE.

REMARQUES.

CE fut aux Portes de Lyon que se donna cette sanglante Bataille que l'Empereur Severe gagna sur Albin vers la fin du second Siécle. Ces deux fameux Concurrens avoient été successivement Préfets ou Gouverneurs des Gaules, & Lyon étoit le lieu de leur residence. On voit encore sur la Montagne les débris du Palais de Severe. On a trouvé son nom gravé sur un bas-relief qu'on y déterra il y a quelques années. C'est-là que nâquit son Fils Caracalla qui fut dépuis Empereur, & il reste encore de cet ancien Palais une muraille de 145. piés de face, & de 45. piés de haut.

Aprés la mort de Pertinax & de Didius Julianus, il s'éleva tout à la fois trois Rivaux, qui se disputerent l'Empire. Pescennius Niger se fit proclamer Empereur dans l'Orient. Severe dans l'Italie, Albin dans les Gaules : & tout le Monde sçait le celebre jugement que l'Oracle fit de ces trois Rivaux.

Optimus est fuscus, bonus Afer, *pessimus Albus.*

Les Lyonnois se déclarerent pour Albin qui avoit sçû gagner leur amitié. Mais il ne sçût pas se sauver des artifices de Severe, qui pour ne pas avoir en même temps deux puissans Ennemis sur les bras, l'amusa d'abord par de belles promesses, & feignit de vouloir l'adopter & l'associer à l'Empire.

Albin donna aisément dans ces apparences, & nous voyons dans les Médailles qu'il fit fraper dans ce temps-là qu'il y prend le nom de Septimius * qui étoit celuy de Severe, pour marquer cette adoption dont il se flatoit. Mais Severe ne se fut pas plûtôt défait de Pescennius, qu'il vint tomber sur Albin avec toutes ses forces. La bataille se donna auprés de Lyon, & les commencemens en furent heureux pour Albin. Mais enfin Severe fut victorieux, & Albin se tua luy - même dans une Maison sçituée sur le bord du Rhône, dans laquelle il s'étoit retiré aprés sa défaite. Le Village d'Albigny garde encore le nom d'Albin, comme Sivrieu a conservé celuy de Severe.

---

* Severe qui étoit Africain. * *Imp. Cæs. Septimius Albinus Aug.*

A

OOOOOOOOOOOOOOOOOOOOOOOOOOOOOOOO: OOOOOOOOOOOOOO
* * * * * * * * * * * * * * * *. * * * * * * * * * * * *
* * * * * * * * * * * * * * *.*. * * * * * * * * * * *
OOOOOOOOOOOOOOOOOOOOOO:OOOOOOOOOOOOOOOOOO6OOO

A MONSEIGNEUR
LE DUC DE BOURGOGNE

SUR LA NOUVELLE QUI
S'est répandüe que le Roy l'alloit declarer
Generalissime de ses Armées en Flandres.

MADRIGAL.

Ce Jour celebre dans L'histoire,
Où tant de sang Romain coula prés de ces lieux,
Immortalisa la memoire
De l'Empereur victorieux.
Mais ton nõ & ton sort, Prince, tu peux m'en croire,
Vont devenir bien-tôt cent fois plus glorieux,
Le Romain si vanté combatoit pour lui-même,
Son bras affermissoit son propre diadéme.
Mais tu veux un honneur & plus pur & plus grand

Guidé par un Ayeul, sur les traces d'un Pere,
Tu vas, tu cours combattre & vaincre pour un Frere,
Tu vas braver pour luy le peril qui t'attend.
Croy-moy, Prince, jamais Severe,
Jamais César n'en fit autant.

I

IX.

INCENDIE
DE LYON,
SOUS L'EMPIRE
DE NERON

REMARQUES.

UN des évenemens les plus extraordinaires dont parle l'Histoire, c'est l'Incendie de Lyon qui arriva durant le Regne de Neron. * Cette Ville déja si grande & si florissante en ce temps-là, fut consumée par le feu & reduite en cendres dans une nuit. Seneque fait une eloquente description de cette Incendie dans une de ses Lettres, & il y dit cette parole

* *Civitas aussi opulenta ornamentum provinciarum.* Seneca epist. 91. ad Lucilium.

remarquable : *Una nox interfuit , inter urbem ma-
ximam & nullam.*

On n'a jamais bien pû démêler la veritable caufe
de ce funefte accident. On l'attribuë vulgairement au
feu du Ciel ; mais ce ne font que des conjectures.
Neron envoya à Lyon une fomme confiderable pour
aider à le rétablir. Cette fomme étoit d'un million
d'or , felon le veritable texte de Tacite, * & felon la
fupputation de Budée. Quelques Hiftoriens ne la font
monter qu'à cent mille écus , & au lieu de *Quadringenties feftertium ,* ils lifent *Quadragies feftertium.*

La Montagne qu'on nomme de *Fourviere* eft
remplie des marques & des reftes de ce terrible Incendie. On y a trouvé dans la terre des monceaux
de charbon, du métail fondu , des vafes de Porcelaine
brifez , des chambres incruftées de marbre , de jafpe
& de ferpentine , &c.

* *Cladem Lugdunenfem quadringenties feftertium folatus eft princeps.* Tacit.an. l. 16.

LA VILLE DE LYON.
A MONSEIGNEUR
LE DUC DE BOURGOGNE.

Un Neron (qui l'auroit pû croire)
Voulut être mon bien-facteur.
Je soûtins sa querelle & cheri sa memoire,
Malgré tous ses forfaits & malgré son malheur.

Un Roy cheri du Ciel, suivi de la Victoire,
Un petit Fils déja brillant de gloire
Font aujourd'huy tout mon bonheur.
Leur merite fait ma grandeur.
*Pour peu * qu'on sçache mon histoire*
On leur repondra de mon cœur.

* *Lugdunensis Colonia pertinaci pro Nerone fide. Tacit. l. 1. hist.*

ANTIQUITEZ

ANTIQUITEZ
SACRE'ES.

I.

LES MARTYRS DE LYON.

REMARQUES.

DANs toute L'histoire Ecclesiastique il n'y a rien de plus touchant & de plus incontestable que la mort des 48 Martyrs de Lyon. Ce sont les premiers qui ont souffert pour la Foy dans les Gaules, & l'on n'en peut pas douter aprés cette celebre parole de Sulpice Severe le plus ancien de nos Historiens, qui dit positivement qu'on n'avoit

K

point veu de Martyrs dans les Gaules avant la perſecution de Marc-Aurele. * On a tout le détail de leur
mort dans cette excellente Lettre que les Chrétiens de
Vienne & de Lyon écrivirent à ceux d'Aſie & de
Phrygie. On croit qu'elle fut écrite par Saint Irenée
& c'eſt Euſebe qui nous la conſervée dans ſon hiſtoire
dont elle fait le plus bel endroit. Un des plus ſçavans
hommes du ſiecle paſſé, quoique Proteſtant, * diſoit
qu'il ne pouvoit pas lire cette lettre ſans ſe ſentir tranſ-
porté d'ardeur & de zéle pour la Religion.

On voit dans cette lettre que la 17 année de l'Empire de Marc-Aurele, c'eſt-à-dire la 177ᵉ de Jeſus-
Chriſt, quarante-huit Chrêtiens ſouffrirent conſtam-
ment la mort pour la foy, dans le temps d'une fête
ſolemnelle qu'on celebroit tous les ans le premier jour
d'Aouſt à l'Autel d'Auguſte. Saint Potin premier Evêque de Lyon & Diſciple de S. Polycarpe, aprés avoir
beaucoup ſouffert, mourut en priſon âgé de quatre
vingt & dix ans. On voit encore ſa priſon dans le Monaſtére des Religieuſes de la Viſitation qu'on appelle
l'Antiquaille. Les corps de ces Martyrs furent durant
ſix jours expoſez par les Payens prés du confluent, aprés
quoi ils les brûlerent * & diſperſerent leurs cendres.
elles furent depuis recueillies & miſes ſous l'Autel de
l'Egliſe des SS. Apôtres qui eſt aujourd'huy celle de
Saint Nizier, & ce fut là l'occaſion de cette celebre
fête des merveilles dont parlent Gregoire de Tours &

---

* *Tunc primùm in Galliis Martyria viſa, ſeriùs trans Alpes Chriſti Religione ſuſce-*
pta. * *Joſeph Scaliger.* * *Dodvvel.* * *S. Auguſt. de cura pro mortuis.*

Adon, laquelle étoit autrefois celebrée à Lyon avec tant
de solemnité.

Des superbes Romains les debris glorieux
Assez & trop long-temps ont occupé vos yeux.
Des objets bien divers, plus simples, moins antiques,
    S'offrent à leur tour dans ces lieux.
     S'ils ne font pas si magnifiques,
     Ils n'en font pas moins précieux.
Les facrez monumens que l'Eglife révere
Préparent à vos yeux un plus digne plaisir.
De vôtre pieté l'ardeur vive & sincere
    Doit se plaire à les parcourir.
     Des objets de ce caractere
     Sont au gré de vôtre désir.

    Malgré l'éclat d'une Couronne
Dont l'attrait décevant & le charme imposteur
    Si propre à fasciner le Cœur,
    De toutes parts vous environne

Malgré mille & mille dangers,
Où jettent à la fois tant de piéges divers ;
On vous voit maiftre de vous même
Abbaiffer chaque jour l'orgüeil du diadéme
Aux piez de ces Autels que vôtre Ayeul foutient,
Et renvoyer l'honneur de la grandeur fuprême
A la fource dont elle vient.

I I.

LES RELIQUES

DE SAINT IRENE'E
ET DE SES COMPAGNONS
MARTYRS.

REMARQUES.

AINT Irenée Difciple de Saint Polycarpe & fecond Evêque de Lyon s'eft rendu illuftre dans l'Eglife fur tout par trois endroits : 1º Par fon zéle ardent contre l'Herefie, que le pieux artifice du Cardinal de Tournon rendit fi falutaire au Roy François premier. 2º Par le foin qu'il eut d'envoyer les premiers Evêques à Befançon à Vienne &

dans quelques autres endroits des Gaules : 3° Par le Martyre qu'il souffrit pour la Foy. Vingt & fix années aprés la mort des premiers Martyrs de Lyon l'Empereur Severe excita une nouvelle perfecution contre cette Eglife ; elle fut fi generale & fi cruelle que Saint Gregoire de Tours affure que le fang des fidéles * couloit par les ruës comme par ruiffeaux , & le nombre des Martyrs fut de dix-neuf mille fans compter les femmes & les Enfans. On dit vulgairement que le fang coula en fi grande abondance que la defcente du *Gourguillon* en prit de là fon nom (*Quafi gurges Sanguinis*) & que la Saône fut bien loin teinte de Sang en remontant contre le cours de l'eau. La plûpart des Auteurs modernes affeurent ce fait, mais les anciens n'en parlent point & cette tradition paroit nouvelle & fauffe.

Les Reliques de Saint Irenée & de fes Compagnons furent enfevelies dans l'Eglife qui porte aujourd'huy fon Nom.

On voit à l'entrée de l'Eglife un morceau curieux d'un ouvrage à Mofaïque, dont il refte huit Vers , qui font un beau monument de la mort & du nombre de ces Martyrs.

* *Ut per plateas flumina currerent fanguinis Chriftiani.*

Ingrediens

Ingrediens loca tam sacra jam rea pectora tunde.
Posce gemens veniam; lachrymas hic cũ prece funde.

- - - - - - - - - - - -

Præsulis hìc Irenæi turma jacet Sociorum
Quos per martyrium perduxit ad astra polorum.
Istorum numerum si nosse cupis, tibi pando.
Millia dena novemque fuerunt sub duce tanto.
Hinc mulieres & pueri simul excipiuntur
Quos tulit atra manus, nunc Christi luce fruuntur.

- - - - - - - - - - - - -

LES
MARTYRS
DE LYON
AU DUC DE BOURGOGNE.

Cette fille du Ciel dont le joug precieux,

En dépit des enfers, a captivé la France,

Cette foi si chére à vos yeux,

C'est dans nos cœurs & dans ces lieux

Qu'elle prit autrefois naissance;

Et nos mains, nostre sang, nos soins, nostre constance

La transmirent à vos Ayeux.

De ce fameux Empire où le Ciel vous appelle

Nous fûmes les premiers Chrétiens.

Et

Et de tout vôtre sang l'antique & noble zéle
Vous unit avec nous par de sacrez liens.
La foi nous fit briller d'une gloire immortelle,
Quand nôtre Sang coula, pour vanger sa querelle:
Mais vos Ayeux & vous en êtes les soûtiens.

Plein du zéle qui le devore
Loüis en a rempli les climats étrangers,
Et sa fidéle ardeur pour le Dieu qu'il adore
L'a déja fait connoître à vingt peuples divers.
Depuis le couchant à l'Aurore
Le pouvoir de son bras est funeste aux Enfers.

Dans son heureuse Cour sa vertu repanduë
Sur tout ce qui l'approche est déja descenduë.
Par ses Edits Sacrez les vices sont proscrits.
Par son exemple seul au Ciel tout est soûmis :
Et vous faites connoître à vôtre seule veüe,
Prince, que vous êtes son Fils.

M

I I I.

L'EGLISE

DE S. JEAN·

R E M A R Q U E S.

O N voit dans cette Cathédrale des cho-
ſes tres-dignes de remarques.

1° C'eſt là que l'Egliſe Greque
fut reünie à la Latine, dans un Concile Général qui y fut tenu l'an 1274.
par le Pape Gregoire dixiéme qui en
avoit été Chanoine·

2° Le grand Autel a été conſacré par le Pape Innocent I V. durant le ſéjour qu'il fit dans cette Ville.

3° On y voit la Chapelle de Bourbon d'une
belle ſculpture Gothique. Elle a été bâtie par le Cardinal Charles de Bourbon Archevêque de Lyon ,
qui y eſt enterré dans un beau Mauſolée de marbre
blanc , * & qui a fait auſſi bâtir le Palais Archie-
piſcopal.

* Hiſtoire genealogique de la Maiſon de France tom. 2.

C'eſt ce Cardinal Charles qui donna ſon nom au Roy Charles VIII. qu'il tint ſur les fons par Ordre de Loüis XI. qui l'aimoit beaucoup.

4° On conſerve dans le Tréſor de cette Egliſe une trés précieuſe relique qui lui fût donnée par Jean de France Duc de Berry : c'eſt la machoire inferieure de Saint Jean Baptiſte que l'Evêque de Châlon y porta par l'Ordre de ce Prince. On garde dans le même treſor le Chef de Saint Irenée & celui de Saint Cyprien Evêque de Carthage , outre quantité d'autres reliques conſiderables.

5° L'Archevêque de Lyon eſt Primat des Gaules & il eſt le ſeul Primat de l'Egliſe Catholique qui ayt des Archevêques ſous luy.

6° Le Chapitre de cette Cathédrale Compoſé de 32 Chanoines Comtes de Lyon , tous Nobles de quatre races , fait dans le même temps l'Office a-vec beaucoup de dignité & par cœur , ſelon la maniere ancienne , dans trois Egliſes diſtinctes , où l'on s'aſſemble neanmoins au ſon d'une même Cloche. Celle de Saint Eſtienne eſt une des plus anciennes du monde : elle a eſté bâtie à la fin du 4. Siécle par Saint Albin ou Alpin Evêque de Lyon, & elle eſt faite à l'Antique en forme de Croix. Charlemagne la fit re-parer aprés que Lyon eut été ſaccagé par les Viſigots.

7° On voit dans l'Egliſe de Saint Jean un Horloge d'une ſtructure tres-particuliere. C'eſt une machine fort curieuſe qui marque exactement le cours des Aſtres & qui peut ſervir en même temps de Ca-lendrier perpetuel & d'Aſtrolabe.

A MONSEIGNEUR
LE DUC
DE BERRY

Digne Fils d'un Heros dont la sage vaillance
A confondu la ligue & conservé la France,
Et de vingt Potentats renversant les projets,
Du sein même de Mars a fait naître la Paix.

    Vôtre humeur douce & bien-faisante,
PRINCE, n'en doutez point, est connuë en tous lieux.
On sçait que vostre cœur est des plus genereux,
    Et qu'il sent une aimable pente
A rendre, s'il se peut, tous les hommes heureux.

On nous à dit cent fois qu'au bout de la journée,
Vous soupirez tout comme ce Romain

              Quand

Quand vôtre liberale main
N'a fait d'aucun mortel l'heureuse destinée.
Agréez, PRINCE *, cependant*
Qu'avec respect je vous le dise :
Par tout où vous passez, on dit avec surprise
Qu'on vous voit chagriner tout le monde en partant.

N

I V.
L'EGLISE
DE S. NIZIER.

REMARQUES.

IL y a deux choſes remarquables dans cette Egliſe qui étoit autrefois la Cathédrale & qu'on nommoit l'Egliſe des Apôtres.

La 1. c'eſt une CRYPTE ou Chapelle ſouterraine & voutée dans laquelle Saint Pothin aſſembloit les premiers fidéles durant la perſecution du ſecond ſiécle. C'eſt dans cette CRYPTE qu'on porta dépuis les cendres de Saint Pothin & de ſes 48 Compagnons qu'on appella les Martyrs d'Aiſnay *Martyres athanacenſes,* & ce fût à cette occaſion qu'on commença à faire dans Lyon cette fameuſe fête DES MERVEILLES ſi celébre dans les écrits de Gregoire de Tours.

La 2. chofe confiderable c'eft que Saint Pothin dreffa dans cette même Eglife le premier Autel qu'on ait élevé au deçà des Alpes à l'honneur de la Ste Vierge : c'eft le Pape Innocent I V. qui nous a appris cette particularité remarquable dans une Bulle qu'il adreffa au Clergé de Saint Nizier. Ce Pape avoit été Chanoine de la Cathédrale.

On apprend encore une fingularité par l'Epitaphe de Saint Nizier qui eft enterré dans cette Eglife : c'eft que cet Evêque de Lyon y introduifit le Chant à deux Chœurs , qui dépuis a été reçû dans toute l'Eglife.

Pfallere præcepit normamque tenere canendi

Primus & alterutrum tendere voce chorum.

CARACTERE

CARACTERE
DE LA PIETE'
DE MONSEIGNEUR
LE DUC DE BOURGOGNE
MADRIGAL.

De ta vertu noble & sincére
Prince, voici le Caractére.
C'èst la France avec moy qui le fait d'une voix.
Pour finir le bonheur de ce siécle où nous sommes,
Nul ne sçaura mieux l'art de cōmander aux hommes
Et celuy d'obeïr au grand Maître des Roys.

L'EGLISE

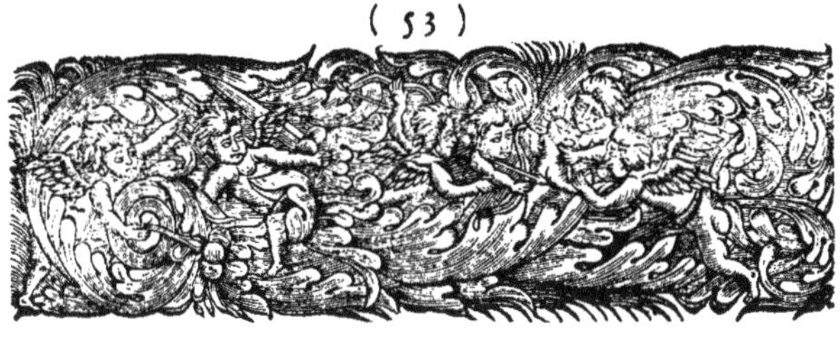

V.

L'EGLISE
DE S· PAUL·

R E M A R Q U E S.

'EGLISE Collégiale de Saint Paul est des plus antiques de France. Elle fût bâtie vers le milieu du sixiéme Siécle du tems du Roy Childebert, par Saint Sacerdos qui étoit particulierement aimé de ce Monarque. * Elle fût depuis reparée du temps de Charlemagne & nous avons encore la Lettre que Laydrade Archevêque de Lyon lui écrivit là-dessus.

On voit dans cette Eglise un ancien tombeau d'un Comte Richard avec trois vers bien singuliers. Richard representé à genoux sur un marbre s'adresse à J. C. & luy dit :

* *Gallia Christiana Sainte Marthe.*

O

Christe rei miserere mei, miserere meorum.
Saint Paul le presente à J. C. en disant ces paroles :
   Paulus ei peto dona dei requiemque polorum.
J. C. donne sa benediction à Richard & luy dit :
   Pro Paulo, pro te, mecum super astra fero te.
L'Alpha & l'Omega Grecs qui sont le Monograme
de JESUS-CHRIST se voyent à côté de sa figure.

   Vis à vis de l'Eglise de Saint Paul est celle de Saint
Laurens où l'on voit le tombeau du fameux Gerson
qui aprés le Concile de Constance se retira à Lyon où
il mourut.

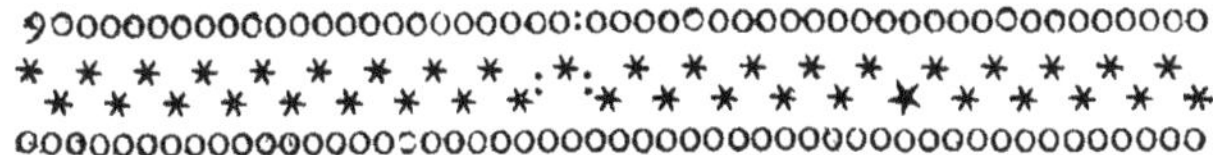

LE CHEMIN
DE LA GLOIRE
A MONSEIGNEUR
LE DUC DE BOURGOGNE

Ton ame toute entiere à sa gloire enchaînée

Ne la suivra que trop dans l'horreur des combats,

Mais pour faire un Heros cela ne suffit pas.

Pour t'ayder à remplir tes hautes destinées,

   La pieté conduit tes pas.

PRINCE, un pareil secours te répond de la gloire.

Elle seule aux Heros en montre le chemin.

La seule pieté consacrant ta memoire

   Confondra ton nom dans l'histoire

Avec ceux de Clovis & du grand Constantin.

VI.

L'EGLISE
D'AISNAY.
REMARQUES.

'EGLISE d'Aiſnay a été bâtie ſur les ruines de l'ancien Temple d'Auguſte, il y a environ ſix cens ans qu'elle fût conſacrée par le Pape Paſcal ſecond, & on voit encore au pied du Maître Autel un ouvrage à la Moſaïque qui repreſente la figure de ce Pape avec ce vers à demy rongé par le temps :

Hanc ædem ſacram Paſchalis Papa dicavit

On montre encore aujourd'huy ſous le Chœur de cette Egliſe la *Crypte* ou Chapelle ſoûterraine dédiée à Saint Pothin & à ſainte Blandine.

La Chapelle qui eſt à main gauche du Maître Autel paſſe pour être la premiere qui ait été dediée à l'immaculée conception de la Sainte Vierge, on dit qu'elle fût bâtie durant le ſejour que Saint Anſelme fit à Lyon & cette tradition paroît être veritable.

VII.

LES PERES JACOBINS.

REMARQUES.

IL y a dans la maison de ces Peres quatre choses dignes de remarque.

1° C'est dans leur Cloiftre que le dernier Dauphin nommé Humbert donna l'investiture du Dauphiné à Charles de France Duc de Normandie Fils du Roy Jean.

2° On y montre encore la Salle où se tint l'an mille trois cens seize le Conclave de Jean XXII.

3° Les Princes de la Royale Maison de Bourbon qui moururent à la Bataille de Brignaïs, ont leur tombeau dans le Chœur de cette Eglise, lequel est d'un beau marbre blanc.

P

4.° Dans la Chapelle de Saint Thomas, qui eſt magnifique, il y a un Tableau du Salviati qui repreſente Saint Thomas convaincu à la veuë de JESUS-CHRIST reſſuſcité. Ce tableau eſt d'un tres-grand prix & on dit que la Reine Mere vouloit le payer avec autant de Loüis d'Or qu'il en faut pour le couvrir, quoi qu'il ſoit fort grand.

Il y a dans cette Egliſe d'autres tombeaux de pluſieurs grands hommes.

PORTRAIT

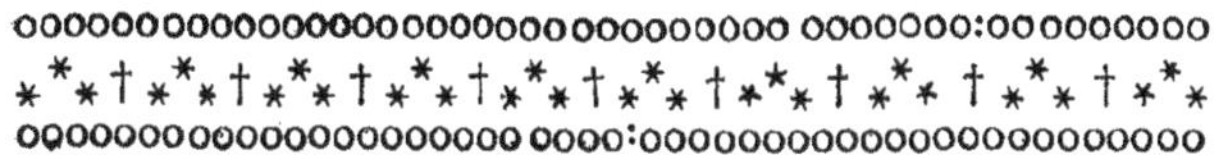

PORTRAIT

DE MONSEIGNEUR

Ce Heros l'honneur de la France ,

Et les délices de la Cour ,

Doit à son propre cœur autant qu'à sa naissance

De l'Univers entier & l'estime & l'amour.

Tranquille aux plus fieres allarmes

Son courage l'emporte au milieu des Combats.

Tout son penchant est pour les armes,

Et sa main bienfaisante à d'infaillibles charmes,

Qui lui gagnent les cœurs des Chefs & des Soldats.

Enfin ce Roy si grand , si fort inimitable ,

Si respecté, si craint de tous les Potentats

A pû trouver un Fils à son Pere semblable ,

Un Fils qui vole sur ses pas.

VIII.

L'EGLISE

DES CELESTINS.

REMARQUES.

'EGLISE de ces Péres avec leur Maison a été fondée par les Ducs de Savoye. La place où elle est bâtie, appartenoit autrefois aux Templiers qui y étoient logez, & dont elle porte encore le nom. Aprés l'entiere abolition de cet Ordre elle fût donnée aux Chevaliers de Saint Jean de Jerusalem, & les Ducs de Savoye l'ayant euë d'eux par un échange, y fondérent l'Eglise & la Maison des Peres Celestins.

C'est dans cette Maison que mourut le Cardinal George d'Amboise premier Ministre & favori du Roy Loüis XII. & l'on conserve son cœur dans cette Eglise.

A MADAME

A MADAME
LA DUCHESSE
DE BOURGOGNE

Fille d'un Potentat dont le cœur magnanime

Du plus sage des Roys a merité l'estime ;

Digne Sang d'un Heros qui par cent faits divers

A balancé long-temps le sort de l'Univers,

    Princesse *, si toute la terre*

Se livrant aux transports de son dépit jaloux,

Nous a fait si long-temps une cruelle guerre ,

Ce n'est plus un sujet de murmure pour nous.

De vingt Peuples Liguez la valeur orgueilleuse,

    Comme un Torrent nous devoit inonder.

    Tout sembloit devoir luy ceder.

Q

Mais cette haine impetueuse
A veu confondre son espoir.
Elle nous fût avantageuse ;
Elle nous devint précieuse,
Puisque nous luy devons le bonheur de vous voir.
Oüi tant de flots de sang qu'il a fallu répandre
Et pour vaincre & pour nous défendre ,
Nous ne les comptons plus pour rien.
La seule Adelaïs nous dédommagea bien.
Le Ciel nous ménageant vôtre heureuse alliance,
Nous paya cherement tout le sang répandu.
Sa liberale main vous donnant à la France,
Lui rendit cent fois plus qu'elle n'avoit perdu.

L'EGLISE

IX.

L'EGLISE
ET LA MAISON
DE L'OBSERVANCE
FONDE'E PAR LE ROY
CHARLES VIII.
ET PAR ANNE DE BRETAGNE·

REMARQUES.

O N voit fur la porte de l'Eglife les Armes de Charles VIII. & d'Anne de Bretagne fon époufe qui en font les Fondateurs ; dans l'Eglife il y a une magnifique Chapelle qu'on dit être du deſſein de Michel Ange. Elle eſt foûtenue par quatre grandes Colomnes d'un

Marbre gris d'une piece. Le Tableau de l'Autel est un Saint François de Vannius, qui est fort estimé par les Connoisseurs.

L'Eglise des Observantins de Saint Bonaventure est remarquable sur tout par le Chef de ce Saint qu'on y conserve dans un Buste d'Argent. On montre dans cette Maison la Chambre où il mourut, qui a été convertie en Chapelle & peinte par le vieux Stella.

Prés de cette Eglise on trouve la Chapelle Royale des Penitens blancs du Confalon, dont la Compagnie a été fondée par Saint Bonaventure, & ausquels le Roy Henri I I I. fit l'honneur de s'associer en passant par Lyon.

L A

LA VILLE DE LYON.

A MONSEIGNEUR

LE DUC DE BOURGOGNE

MADRIGAL.

Cent rares monumens retracent à mes yeux

Les bontés & les noms de vos dignes Ayeux,

Et ces effets divers de leur magnificence,

Que le temps & l'oubli n'effaceront jamais,

Ont gravé dans mon cœur une reconnoissance

Qui doit durer autant & plus que leurs bien-faits :

  Toi-même marchant sur leurs traces,

  PRINCE, tu prendras soin un jour

De ranimer dans moi par de nouvelles graces

  Et leurs bien-faits & mon Amour.

R

SINGULARITEZ
SACRE'ES ET PROFANES.

LE COEUR
DE S. FRANÇOIS
DE SALES.
REMARQUES.

E Cœur encore tout entier & fort vermeil eſt enchaſſé dans un reliquaire d'Or que la feuë Reine Mere luy fit faire : ce Reliquaire eſt conſervé dans le grand Monaſtere de la Viſitation, dans lequel on voit la Chambre où ce Saint mourut ; cette Chambre étoit au temps de ſa mort hors de l'enclos du Monaſtére.

Dieu a fait à la France deux grandes faveurs par l'interceſſion de ce cœur.

La 1. C'eſt que le feu Roy Loüis XIII. de glorieuſe memoire étant à Lyon l'an 1630. malade à l'extremité, envoya prendre ce Cœur & ne l'eut pas plûtôt entre ſes mains qu'il s'écria qu'il étoit gueri.

La 2. c'eſt que la feuë Reyne Mere n'ayant point d'enfant aprés pluſieurs années de Mariage , ſe voüa elle-même à ce Saint, & elle a proteſté pluſieurs fois qu'elle croyoit devoir ſur tout à ſon interceſſion ce Fils qui eſt aujourd'huy la plus parfaite Image du Ciel qui le luy accorda.

C'eſt par la vertu de ce Cœur

Que François a fait ſon bonheur,

Et celuy du ſiécle où nous ſommes.

Ce Cœur vivant fut pour Dieu plein d'ardeur:

Ce Cœur mort nous donna le plus parfait des hōmes.

Pʀɪɴᴄᴇ, *par ces deux traits jugés de ſa valeur.*

L'HOTEL

X I.

L'HOTEL DE VILLE.

REMARQUES.

'Hôtel de Ville est un des plus magnifiques & des plus reguliers de l'Europe. C'est un grand édifice quarré long & tout construit de pierres blanches qui ne cedent guere au marbre en beauté ; sa longueur est de dix toises, sur environ trente de large.

La façade flanquée de deux grands Pavillons quarrés est ornée d'un superbe balcon doré, qui est porté par deux tres-belles colomnes de Porphyre d'un Ordre Jonique.

En entrant dans le Vestibule on trouve d'abord les Bustes de trois de nos Roys, avec des Inscriptions qui servent à conserver dans cette Ville le souvenir de leurs bienfaits.

L E

Le premier Buſte eſt celuy de Philippe le Bel , qui établit le Conſulat de Lyon.

Le ſecond eſt celuy de Charles VIII. qui l'anoblit à perpetuité. Le troiſiéme eſt celuy d'Henri IV. qui le reduiſit à un Prevôt des Marchands , quatre Echevins , un Procureur , & un Secretaire.

On voit dans le même Veſtibule une grande Medaille de bronze de Loüis le Grand & une d'Anne d'Autriche ſous la regence de laquelle cet Hôtel fut commencé l'an. 1646. On frappa à cette occaſion la Medaille ſuivante.

DEO OPT. MAX. AVSPICE.

Regnante LVDOVICO XIV,

Magnis Majoribus Majore ,

ANNA AVSTRICA

Principibus retro fœminis longè Excellentiore Regis impuberis nomine regnum adminiſtrante ,

NICOLAO DE NEVFVILLE

March. Villaregio Lugd. Prov. moderante , eodemque éducationi regia prapoſito , CAMILLO DE NEUVILLE Athanai Abbate prorege ; Merc. Præfectus & Coſſ. Lugd. Comitialis hujus baſilica fundamenta jecerunt & lapidem hunc initialem ſolemniter poſuerunt. Anno Domini M. D C. X X X X V I. die V. Septemb.

S

C'eſt dans le même Veſtibule qu'on voit ces deux belles Tables d'Airain , dont on a déja parlé & qui ont été enchaſſées dans la muraille par les ſoins du Conſulat.

Il y a dans l'Hôtel de Ville divers Tribunaux qui ont chacun leur Chambre à part, où ils exercent leur Juridiction.

La Chambre du Conſulat à ſon Plat-fonds & ſes Lambris dorez & enrichis de belles peintures.

La Chambre de la Conſervation eſt auſſi trés-magnifique. On a donné le nom de Conſervation à un Tribunal trés-ſingulier, qui juge gratis des affaires du negoce, & qui juge en dernier reſſort juſques à la ſomme de cinq cens livres. Ce qu'il y a de particulier à ce Tribunal, c'eſt que ſes Jugemens ſont executez par tout le Royaume & dans les pays étrangers ſans *Pareatis* & ſans *Viſa*.

Outre ces deux Chambres , il y en a deux autres, pour regler la Police & pour maintenir l'Abondance.

Le grand eſcalier eſt enrichi de tres-belles peintures qui repreſentent l'Incendie de Lyon ſous Neron. Une grande partie des autres peintures perit dans l'incendie de l'Hoſtel de Ville.

DIALOGUE
SUR MONSEIGNEUR
LE DUC
DE BOVRGOGNE.
COMPOSE'
POUR ETRE CHANTE' A L'HOTEL de Ville, devant Messeigneurs les PRINCES.

PROLOGUE

La Nymphe de la Seine au milieu de ses flots,

 Malgré le Cristal de ses eaux,

 Se sent brûler d'impatience

 De revoir son jeune Heros.

S ij

D'un objet si cheri la charmante presence
Peut seule faire son repos.
Elle reproche au Rhône un bonheur qu'elle envie.
Daignez, PRINCE, écouter leurs trop justes combats.
Mais quoi que la Seine vous die,
Malgré ses plus tendres appas
Tout vous conjure ici de ne la croire pas.

DIALOGUE

DIALOGVE
DE LA NYMPHE
DE LA SEINE
ET DU RHOSNE.

LA NYMPHE DE LA SEINE.

Rend moi sans differer le PRINCE *que j'adore.*

Sur tes bords éloignez, c'est trop le retenir,

Mon cœur impatient ne peut plus soûtenir

L'ennuy mortel qui le dévore.

Son seul retour peut le finir.

LE RHOSNE.

Depuis l'heureux moment qu'une si belle vie

Pour le bonheur du monde à commencé son cours,

T

Sur vos bords fortunez, vous le vîtes toûjours :
Faut-il que déja l'on m'envie
Le bonheur paſſager de l'avoir quelques jours?

LA NYMPHE.

Je me ſuis fait une douce habitude
De voir ſur mon rivage un Prince ſi charmant.
Je ne puis plus ſans trouble & ſans inquietude
Le perdre pour un ſeul moment.

LE RHOSNE.

Si ſa gloire vous étoit chere,
Vous ne pouſſeriez pas ces indignes ſoûpirs;
Et ſon éloignement bien loin de vous déplaire ,
Mettroit le comble à vos deſirs.

LA NYMPHE.

Moy! de ne plus le voir que je me rejouiſſe!
O Ciel! c'eſt pour mon cœur le plus rude ſupplice.

LE RHOSNE.

Et ne doit-ce pas être un charme à vôtre amour

(75)

D'oüir ce que la Renommée

Raconte de luy chaque jour,

Et de voir ſa gloire ſemée

Dans mes climats comme à la Cour.

Quel avantage & quel charme d'apprendre

Qu'on voit en mille lieux ſes vertus ſe répandre :

Que cent Peuples divers volent de toutes parts

Et confondent ſur luy leurs avides regards :

Qu'on ne peut ſe laſſer de le voir, de l'entendre,

Et ce qui doit enfin faire tarir vos pleurs,

Que vous le reverrez, ſuivi de mille cœurs

TOUS DEUX à la fois.

Quel avantage & quel charme d'apprendre, &c.

LA SEINE ſeule.

Et ce qui doit enfin faire tarir mes pleurs,
C'eſt que je le verray ſuivi de mille cœurs.

RECIT

RECIT
DE CASTOR
ET
POLLUX

SUJET DU RECIT.

CASTOR ET POLLUX FILS DE JUPITER accompagnent Jason à la conquête de la Toison d'Or. La Grece celebre leur retour par des Fêtes publiques.

Des Climats fortunez, de l'heureuse Iberie

Les Fils de Jupiter sont enfin de retour.

Le destin nous raméne au gré de nôtre envie

Castor & Pollux dans ce jour.

De

De nos Chants les plus doux ranimons l'harmonie.
Marquons leur bien tout noſtre Amour.

En dépit des rigueurs d'une ſaiſon cruelle ,
Dans ſa pénible courſe ils ont ſuivi Jaſon ,
Et fait avec un même zéle
La conquête de la Toiſon.
On repéte.
De nos chants les plus doux, &c.

Arbres naiſſans redoublés vos ombrages ;
Petits Oiſeaux égayés vos ramages.
Prodiguons leur nos fleurs, ne les épargnons pas.
Ils en font naître ſous leurs pas.

Que nos Parterres refleuriſſent :
Que nos Bocages reverdiſſent :
Que d'un éclat nouveau tout brille dans nos champs,
Et que nos échos retentiſſent
Du doux murmure de nos chants.
On repéte
En dépit des rigueurs d'une ſaiſon cruelle, &c.

V

LA
CHARITE

L A Maison de la Charité est regardée comme une merveille. 1 $^{\circ}$ Par le prodigieux nombre de Pauvres qu'elle entretient dedans & dehors. 2 $^{\circ}$ Par l'excellence de ses Reglemens; 3 $^{\circ}$ Par la magnificence de son édifice.

Elle est composée de neuf vastes Cours, dont la plûpart sont enfermées par quatre grands corps de Logis. Celles des avenuës sont terminées par un long portique ouvert en arcades, & soûtenu par des colomnes, à la manicre des anciens Amphiteatres des Romains. Les Greniers & les Appartemens font tous les jours l'admiration des Etrangers.

L'EGLISE

L'EGLISE
DES
CARMELITES.

REMARQUES.

'EGLISE des Carmelites eſt un monument éternel de la pieté de l'Illuſtre Maiſon de VILLEROY qui l'a fondée. Cette Egliſe eſt magnifique & de fort bon goût. On y diſtingue en particulier quatre choſes : le grand Autel qui eſt de marbre & d'un beau deſſein : le Tabernacle qui eſt de pierres fines : le Tableau qui eſt de le Brun, & la Chapelle de la Maiſon de VILLEROY, où ſont les Tombeaux de Monſieur D'HALINCOURT , & de feu Monſieur le Marêchal de VILLEROY Gouverneur du ROY.

CARACTERE

CARACTERE DE LOUIS LE GRAND.

Ce Monarque fameux dont le Ciel a fait Choix ,

Pour le bonheur du siecle & des lieux où nous sõmes,

Est depuis quarante ans, d'une commune voix ,

    Le plus parfait de tous les hommes

      Et le plus grand de tous les Roys.

Rien ne peut échaper à sa rare prudence ;

      Rien ne fatigue sa Clemence ;

    Rien ne resiste à son grand Cœur.

      Par sa bonté, par sa valeur

Il fait de l'Univers, dans la Paix dans la Guerre ,

    Les délices ou la terreur,

Et jamais le destin n'envoya sur la terre

          Rien

Rien de plus grand , rien de meilleur
Pour rendre à l'avenir son histoire croyable ,
Il en faut retrancher mille exploits inoüis.
Plus elle sera veritable ,
Moins elle sera vray semblable ;
Et nos Neveux un jour étonnez, ébloüis,
Auront droit de traiter de fable
Le surprenant amas des hauts faits de LOUIS.

Vingt Potentats que la crainte ou l'envie
Avoient unis par les nœuds les plus forts,
Pour obscurcir l'éclat d'une si belle vie
Ont fait durant dix ans leurs plus puissans efforts.
Mais ils n'ont faits que servir à la gloire
De ce Heros victorieux.
Ils ont fourny pour son histoire
Le point le plus sublime & le plus merveilleux.
Et pour éterniser leur honte & sa memoire
Ils ne pouvoient s'y prendre mieux.

X

'A B B A Y E Royale de Saint Pierre eſt un des plus ſuperbes Bâtimens qui ſoient en France.

Le Cabinet de Mr de Servieres Grand Prieur de Savigny eſt rempli de tres-belles curioſitez.

LE GRAND COLLEGE.

Il y a dans le Grand College quatre choſes conſiderables , 1° La Bibliotheque avec les Cabinets des Mathematiques & celuy des Medailles & des autres antiques : 2° La Chapelle de la grande Congregation : 3° L'Egliſe avec la Chaire du Predicateur, 4° La Cour des Claſſes.

FIN.

A L Y O N , de l'Imprimerie de L. LANGLOIS , Ruë Petit Soulier. 1701.

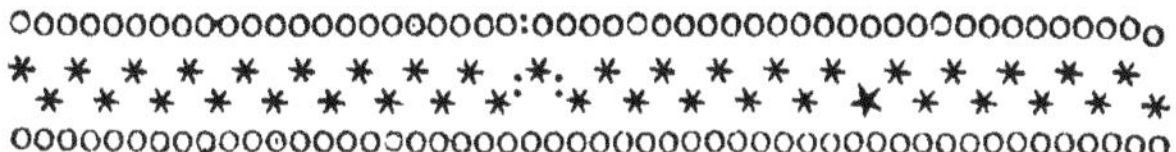

PERMISSION.

IL est permis à LAURENT LANGLOIS d'Imprimer un Ecrit intitulé *LES ANTIQUITEZ SACRE'ES ET PROPHANES DE LA VILLE DE LYON*. Avec les deffenses accoûtumées. Fait à Lyon ce 26. Mars 1701.

AUBERT.

Et ledit LAURENT LANGLOIS a cedé les permissions cy-dessus à LOUIS PASCAL Libraire pour en joüir conformement. Fait à Lyon, le 2. Avril 1701.

9 782329 570754